Geliebter,
Erinnere dich:
Noch bevor der erste Gedanke erdacht wurde
oder die erste Form erschien,
Ist das unendliche Selbst.

O.W. BARTH

MOOJI

EINLADUNG IN DIE FREIHEIT

Auch du kannst erwachen – jetzt!

Aus dem Englischen von
Mukti Kienle

O.W. BARTH

Die englische Originalausgabe erschien 2018 unter dem Titel
»An Invitation to Freedom« bei Mooji Media Publications.

Besuchen Sie uns im Internet:
www.ow-barth.de

Aus Verantwortung für die Umwelt hat sich die Verlagsgruppe
Droemer Knaur zu einer nachhaltigen Buchproduktion verpflichtet.
Der bewusste Umgang mit unseren Ressourcen, der Schutz unseres Klimas und der Natur
gehören zu unseren obersten Unternehmenszielen.
Gemeinsam mit unseren Partnern und Lieferanten setzen wir uns für
eine klimaneutrale Buchproduktion ein, die den Erwerb von Klimazertifikaten zur
Kompensation des CO2-Ausstoßes einschließt.
Weitere Informationen finden Sie unter: www.klimaneutralerverlag.de

FSC www.fsc.org MIX Papier aus verantwortungsvollen Quellen FSC® C014496

Deutsche Erstausgabe März 2020

herausgegeben von Gayatri, Jayani und Zenji

Ein Imprint der Verlagsgruppe Droemer Knaur GmbH & Co. KG, München

Illustrationen: Mooji
Fotografie Mooji: Reuben Steains
Covergestaltung: ZERO Werbeagentur, München
Coverabbildung: Sido, unterstützt von Anna, Jyoti, Laura, Michel, Nitya und Rose
Satz: Adobe InDesign im Verlag
Druck und Bindung: GGP Media GmbH, Pößneck
ISBN 978-3-426-29305-8

2 4 5 3 1

Lobpreis und Ehre

dem Höchsten Selbst

Jesus Christus

meinem Meister Papaji

Ramana Maharshi

Nisargadatta Maharaj

Ramakrishna

Yogi Ramsuratkumar

allen Erwachten

und Wahrheitssuchenden überall

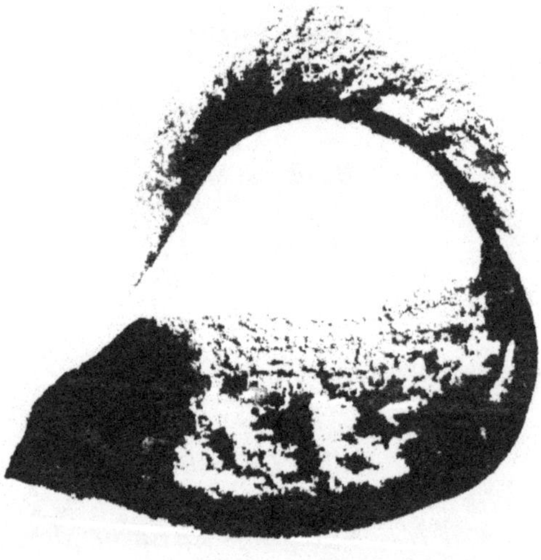

Vorwort

Einladung in die Freiheit ist eine klare und direkte Anleitung zur Selbst-Verwirklichung. Sie offenbarte sich Mooji 2017 während seiner Satsang-Saison in Rishikesh, Indien. Einfach in ihrer Sprache, doch außerordentlich in ihrem Vermögen, das Wahre zu offenbaren – das unveränderliche und ungeborene Gewahrsein, das wir sind –, entzündet die Einladung das Licht der Wahrheit in den Herzen unzähliger Suchender weltweit.

Moojis Hinweise durchdringen mühelos die oberflächlichen Schleier, die das Selbst zu verhüllen scheinen, und führen Geist und Verstand schnell zu ihrer eigenen Quelle, dem Herzen. Die heutigen Wahrheitssuchenden erkennen in der Einladung ein neues, ungekanntes und verheißungsvolles Geschenk göttlicher Gnade – des Unendlichen Selbst.

Folge dieser Anleitung und erfahre das Ergebnis noch heute.

Einleitung

Dieses Büchlein ist ein himmlisches Juwel. Es ist eine Einladung zu wahrer Selbst-Erkenntnis. Es ist dein wahrer Begleiter. Du könntest das Buch wohl in wenigen Minuten durchlesen, würdest dann aber die Großartigkeit verpassen, die es in dir erwecken kann. Nimm dir also Zeit, lass dich in seine Arme fallen und dich nach Hause führen.

Einladung in die Freiheit bietet wahrhaftig sofortiges Erwachen für alle, die sich nach Selbst-Verwirklichung sehnen. Viele glauben, dass das Erwachen erst nach einem langen Weg spiritueller Studien und Praktiken geschieht. Hier jedoch beginnen wir am Ende, sodass du die Offensichtlichkeit und Natürlichkeit absoluten Seins weder bestreiten noch anzweifeln kannst.

Wenn es etwas zu trainieren gibt, dann nur, die Gewohnheit abzuwehren, die uns unsere Verwirklichung anzweifeln lässt. Benutze dieses Büchlein immer und immer wieder als dein eigenes Mini-Notfall-Handbuch zur Freiheit.

Du wirst vielleicht überrascht sein, dass die Einladung die Kraft hat, die Wahrheit so direkt zu offenbaren, wenn das Erwachen doch gemeinhin als selten und schwierig betrachtet und mit gewaltigem Aufwand verbunden wird. Manche glauben sogar, dass es nur ein Mythos ist. Die Welt kennt so wenige Beispiele befreiter Menschen, dass die Vorstellung von Selbst-Verwirklichung für gewöhnliche Menschen unmöglich scheint.

Denen, die glauben, dass das Erwachen zur Wahrheit unvereinbar mit dem Leben ist, sei hier versichert, dass das wahre Selbst das ist, was dem Leben das Leben gibt. Es bewirkt, dass sich das Leben anmutig und in Harmonie, Frieden und Liebe entfaltet. Die Einladung offenbart das wahre Leben.

Sowie du der Einladung ernsthaft folgst, wirst du erkennen, dass das, was sie enthüllt, dir zutiefst vertraut ist, denn das, was wir suchen, ist bereits, was wir sind – das schon immer perfekte, unpersönliche Gewahrsein. Der Verstand bestreitet die Wahrheit, dass wir ein ungeteiltes Sein sind, und versucht, ihr zu entgehen. Aber jetzt wird sie vollkommen in dir bestätigt. Wahres Sein ist jenseits der Starrheit persönlicher Identität oder des Ego. Es ist zeitloses Gewahrsein – reiner Geist.

Nur das konditionierte Bewusstsein kann entstehen, sich entwickeln oder kultiviert werden. Das Natürliche – das höchste Selbst – kann nur entdeckt werden. Dieses wesentliche Verständnis ist sozusagen das fehlende Glied im menschlichen Ausdruck des Bewusstseins. Die Entdeckung des Selbst allein wird die tiefe Sehnsucht und den höchsten Wunsch der Menschheit nach anhaltendem Frieden und Glück befriedigen.

Jeder Hinweis in diesem Buch ist wesentlich und sollte unbedingt befolgt werden. Lass die Worte in dein Herz dringen. Höre und fühle, wie sie in deinem Sein, dem Ort ihrer Entstehung, Anklang finden. Lies nicht weiter, bis nicht jeder Satz gefühlt, verstanden und im Innern bestätigt ist. Sei dir der Neigung des Verstandes gewahr, zu zweifeln, zu interpretieren oder die Dinge zu verfälschen. Nimm die Leichtigkeit und Einfachheit wahr, mit der diese Anleitung in dir fließt – wie Wasser, das in Wasser gegossen wird.

Sowie die Einladung in dir erblüht, bestätige sie, wann immer du kannst – zu deines Herzens Freude. Jegliche Nebelschleier werden sich schnell lichten, sowie sich das wahre Selbst, das *Istsein**, mehr und mehr als die immer gegenwärtige, allumfassende Realität enthüllt.

***Istsein/Was Ist:** Mooji verwendet diese Begriffe spontan und synonym. Sie verweisen auf die wortlose, formlose Realität, von der alle Wesen intuitiv wissen, dass sie *das* ist, was sie selbst sind, auch wenn sie sich der Tiefe dieses Verstehens noch nicht bewusst sind.

Weil es undefinierbar ist, muss das »Istsein« oder »Was Ist« im Innern erfahren werden, als wäre es eine Art »formloses Nomen«. Es weist auf das höchste Selbst, auf das wir uns auch mit vielen anderen Namen beziehen: Gott, reines Gewahrsein, Wahrheit, Brahman, Paramatman, der Höchste Geist, die Quelle, reines Bewusstsein, der reine Geist, das Höchste Selbst, das Selbst oder das Absolute. Es ist, was wir bereits sind.

»Gib ihm keine Form. Das Was Ist, was wir auch reines Gewahrsein nennen, ist jenseits von Namen und Formen. Für den Verstand ist es unergründlich. Es ist die Essenz, unvorstellbar wahr. *Es ist zeitlos, ungeschaffen, unsterblich.«* ~ Mooji

Die Einladung

Heute sind wir hier, um unser wahres Selbst zu entdecken, unser ureigenes Sein, das, was *wahr* ist und mit den Einsichten und der direkten Erfahrung der größten Weisen und Seher aller Zeiten im Einklang steht. Durch das barmherzige Geschenk der Einladung werden auch wir unmittelbar erfahren, dass das eine Selbst allein existiert und dass wir eins mit ihm sind.

Wenn deine Sehnsucht nach Selbst-Erkenntnis und das Verlangen, frei zu sein, in dir unwiderstehlich und lebendig sind, dann ist diese Einladung für dich. Gott selbst hat dir dieses Sehnen ins Herz gelegt, und so kannst auch du erwachen – jetzt! Es funktioniert, es funktioniert, es funktioniert – gestern, heute, morgen und immer.

Lass uns anfangen.

Du sagst: »*Ich möchte die Wahrheit entdecken, so, wie sie wirklich ist. Ich möchte wissen und sein, wer oder was ich wirklich bin, nicht mein Ego und meine Konditionierung.*

Ich möchte keine Zeit mehr verschwenden. Ich möchte das, was in mir unwahr ist, beenden. Mein Leben, gelebt in der Identität einer Person, fühlt sich so beengt und oberflächlich an. Es funktioniert nicht wirklich. Ich möchte Gott, der die Wahrheit ist, erfahren und in Harmonie mit ihm leben. Ich möchte noch heute zu der unveränderlichen Perfektion erwachen, auf die du hinweist und die ich in dir wahrnehme. Ich möchte dauerhaft in diesem Zustand sein. Kannst du mir helfen?«

Aus dem Raum meines Seins lade ich dich ein: »Komm herein, aber bevor du eintrittst, lass bitte deine Schuhe draußen.

Und noch etwas: Lass auch deinen Verstand draußen, denn er wird dem, was du dir wirklich zu finden erhoffst, nur im Weg stehen.«

»Aber wie kann ich meinen Verstand draußen lassen?«, fragst du.

Den Verstand draußen zu lassen bedeutet einfach nur, alle Vorstellungen beiseitezulassen. Lass alles beiseite, was du glaubst zu sein, und alles, was du über dich selbst und über das Leben zu wissen glaubst.

Ich bitte dich, dies einfach nur für die kurze Dauer dieser Anleitung zu tun.

Lass alle Gedanken an die Vergangenheit beiseite und jegliche Erinnerungen, die den Verstand an die Vergangenheit binden.

Rühre auch keine Bedenken an die Zukunft an, denn niemand hat jemals die Zukunft erlebt, die er sich vorgestellt hat.

Lass auch alle Interpretationen über die Gegenwart und selbst diesen Moment jetzt beiseite.

Was ich meine, ist, dass wir uns jetzt auf nichts von alldem zu beziehen brauchen. Es ist nicht wichtig, um Freiheit zu finden, und gerät meistens einfach nur in den Weg.

Lass all das jetzt einfach beiseite. Sei vollkommen leer und frei.

Kannst du das akzeptieren?

Halte auch an keinem Traum oder Wunsch fest, zum Beispiel, in was für einer Welt du gerne leben würdest oder die Art von Person, die du gern wärst, denn all das basiert auf Vorstellungen und Konditionierung. Ist da denn gar nichts Wahres daran? Vielleicht, aber jetzt bitte ich dich einfach, davon Abstand zu nehmen und alles zurückzulassen.

Bitte vertraue dem.

Nun lass auch vom Gefühl eines persönlichen Selbst ab – von dem, was du so lange geglaubt hast zu sein. Jetzt, wo wir tiefer gehen, ist es nicht unwahrscheinlich, dass immer mal wieder Angst und Widerstände aufkommen. Das ist zu erwarten. Also: keine Panik. Halte einfach an meiner Weisung fest und lass dich nicht ablenken. Es ist wichtig, an keinem Gedanken festzuhalten. Bleibe einfach leer. Du wirst bald sehen, warum.

Wenn wir fertig sind, kannst du dich wieder mit der Person und ihrer Welt identifizieren, wenn du möchtest. Sie werden genau da auf dich warten, wo du sie zurückgelassen hast, aber nur, wenn du sie zurückhaben willst. Wenn nicht, wirst du sehen, dass sie nur aus Gedanken gemacht waren, an die du geglaubt hast.

Lass uns fortfahren.

Du brauchst nichts zu erschaffen, dir nichts vorzustellen oder zu visualisieren. Mach dir also keine Sorgen, du kannst nicht scheitern. Du brauchst rein gar nichts zu tun. Du wirst vielmehr entdecken, dass es ganz einfach und natürlich ist, alles beiseitezulassen.

Lass nun auch selbst den Wunsch nach Erleuchtung beiseite. Vertraue dem. Verstricke dich nicht in Gedanken.

Bleibe einfach, wie du bist.

Ist das nicht eine Erleichterung?

Jetzt, wo du eintrittst, bist du leer. Willkommen.

Bleibe leer. Sei null.

Gehe weder zurück noch vorwärts und nimm auch keine neuen Konzepte oder Vorstellungen auf.

Erkenne diesen mühelosen Ort.

Du bist jetzt im Herzen, als das Herz selbst.

Ruhe einfach in dem und als das, was von allein und allein übrig bleibt. Dies ist dein natürlicher Zustand.

Es gibt nichts Weiteres zu tun oder zu lösen. Hier gibt es keine Konzepte. Hier gibt es keine Zeit: keine Vergangenheit, keine Zukunft – nicht einmal diesen Moment jetzt. Hier gibt es nichts zu bewahren, zu vergleichen oder zu erwarten. Du bist jenseits von Form, unbestimmbar, und doch vollkommen hier.

Bleibe still. Eile nicht. Gib dieser Entdeckung etwas Raum.

Erkenne, dass du dich in diesem grenzenlosen Raum nicht »zusammenhältst«. Jeder Gedanke, jedes Gefühl, jeder Sinneseindruck ist wie eine Wolke, die vorüberzieht. Du bist wie der Himmel: unermesslich und unveränderlich.

Beachte diese unendliche Weite formlosen Gewahrseins, einfach nur dieses Gefühl des Istseins – natürlich, still und leer. Es ist nichts Bestimmtes. Es ist nur Was Ist. »Was war« und »was sein könnte« sind vorbeigezogen. Nichts bleibt haften.

Nimm wahr, dass du nicht wartest. Nimm auch wahr, dass dein Geist klar ist und du dich nicht in einem imaginären Zustand befindest. Hier ist nur der Raum formlosen Gewahrseins. Auf ganz natürliche Weise bist du selbstgewahr. Wahrnehmung geschieht spontan und mühelos. Du erschaffst weder, noch sammelst du etwas. Makellos.

Der Verstand sagt vielleicht: »*Das ist langweilig! Hier ist ja nichts! Was für einen Sinn hat das denn? Das bringt uns ja nicht wirklich was. Das ist doch alles nur Gerede. Ich verstehe es theoretisch, aber es hilft mir nicht.*«

Es ist ganz wichtig, sich nicht in das Netz des Verstandes ziehen zu lassen. Traue ihm nicht, glaube ihm nicht, lass dich nicht auf ihn ein. Lass dich nicht entmutigen oder ablenken. Der Verstand versucht einfach nur, dich zu täuschen, damit du wieder persönlich wirst und dir deines wahren Zustandes und deiner wahren Kraft als ungeborenes Gewahrsein nicht bewusst wirst. Der Verstand bleibt am Leben, indem er dich täuscht.

Erkenne, dass der trügerische Verstand nur die Vorstellung, die du von dir hast, angreifen kann, aber nicht dein wahres Selbst, was jenseits seiner Reichweite liegt. Du bist die formlose Intelligenz, in der alles erscheint, doch dein Selbst bleibt unberührt und unbefleckbar.

Fühle, wie es ist, einfach zu sein. »Zu sein« ist keine Anweisung, die ausgeführt werden soll. Du *wirst* nicht *sein* oder *zu etwas werden.* Wenn du erkennst, dass du mühelose Existenz bist, gibt es nichts zu konstruieren oder zu verändern. Es gibt nichts hinzuzufügen.

Du bist bereits vollkommen, so wie du bist. Wird es nicht langsam klar? Sei eins mit diesem Wissen.

Du bist jetzt im natürlichen, egolosen Raum – grenzenlos. Nimm dir ein bisschen Zeit, um dieses Erleben zu bestätigen, zu verdauen und zu verinnerlichen.

Jetzt, wo du hier bist, im Raum des Seins, möchte ich dir ein paar einfache, aber wichtige Fragen stellen. Jede dieser Fragen unterstützt die direkte Erfahrung deines wahren Seins. Sie veranlassen dich nicht, nachzudenken oder zu lernen, sondern vielmehr zu entdecken. Sie enthüllen die letzte Wahrheit. Erkenne auch, dass die Betrachtung jeder Frage im unveränderlichen, reinen Gewahrsein stattfindet – dem grenzenlosen Raum des Istseins.

Gehe nicht von einer Frage zur nächsten, bevor du verstanden hast, was gefragt wurde. Deine Antworten sollten aus deiner unmittelbaren Einsicht und Erfahrung fließen – direkt aus dem Herzen.

Folge aufrichtig. Lies langsam. Bitte eile nicht.

Dieser Raum, der einfach nur hier ist,
den ich Istsein oder Was Ist nenne,
ist, obwohl unbeschreiblich, ganz lebendig
– eine unbegreifliche, intelligente Weite.
Bist du dir dessen bewusst?

Ist das Istsein ein Objekt? Ist es ein Gefühl?
Fühlt es sich seltsam oder ungewohnt an?

Hat es Einschränkungen irgendwelcher Art
oder eine Grenze, jenseits derer es nicht ist?

Hat es ein Aussehen oder eine Form?
Kann es zum Beispiel fotografiert oder
auf irgendeine Art und Weise erfasst werden?

Kann es Sehnsüchte, emotionale Bindungen oder Ängste haben
oder durch solche aufgewühlt werden?

Kann das Istsein Besitz einer Person, einer Religion, Philosophie
oder Glaubenslehre sein oder ihr angehören?

Kann es Handlungen ausführen?
Ist es das Gewahrsein selbst, das denkt oder meditiert?

Kann es emotional werden?
Kann das Istsein depressiv, verstört oder wütend sein?
Wie ist es mit eifersüchtig, unsicher oder zurückgewiesen?

Setzt das Istsein einen Glauben an sich voraus
oder hängt es davon ab?
Kann man es sich vorstellen?

Kann es krank werden?
Kann es leiden oder Leiden verursachen?

Kann es für oder gegen jemanden oder etwas sein?

Hat das Istsein Bedürfnisse oder kann ihm etwas fehlen?

Kann das Istsein abgelenkt sein?
Kann es Probleme haben?

Kann es auf irgendeine Art und Weise
beeinflusst oder manipuliert werden?

Kann es gefangen oder befreit werden?

Gibt es Zeit oder Jahreszeit im Istsein?

Du bist innerlich nun am perfekten Ort, um dies zu wissen:
Wurde das Istsein geboren? Kann es sterben?
Reflektiere.

Ist das Istsein persönlich?
Wenn es keine Person oder kein anderes Objekt
der Wahrnehmung ist, wie kann es erkannt werden?

Du entdeckst das Istsein jetzt,
aber wo war es die ganze Zeit?

Kann es verschwinden oder schwächer werden?
Wohin könnte es gehen?
Gibt es einen Ort, an dem das Istsein nicht ist?

Kann der Verstand außerhalb des Istseins funktionieren?
Kann es ein Außerhalb des Istseins oder Gewahrseins geben?
Kann die Erkenntnis des Istseins außerhalb des Istseins
oder getrennt von ihm stattfinden?

Und schließlich: Gibt es einen Abstand zwischen dem,
was du bist, und dem Was Ist?

Wenn es keinen Abstand und keine Trennung zwischen dir und dem Gewahrsein/Istsein gibt, dann müssen sich alle deine Antworten auf *dich* beziehen, und sie müssen direkt aus dem Was Ist aufsteigen – deinem wahren Selbst. Ist diese Entdeckung zu groß, dass sie nicht ertragen werden könnte? Und wer wärst du, der sie ertragen müsste?

Die Erkenntnis des Istseins muss offensichtlich eine nicht-phänomenale Erkenntnis sein. Dies bedeutet, dass es eine immaterielle, unsichtbare Erkenntnis ist, denn wie sonst könnte das, was formlos ist, erkannt werden?

Das Istsein kann von nichts anderem als dem Istsein selbst erkannt werden. Somit sind Istsein und dein Selbst ohne jeglichen Zweifel unwiderlegbar eins. Der Verstand mag versuchen, dies zu bestreiten, aber es ist zu spät. Du bist schon drin – du bist schon hier.

Sei dir darüber ganz klar.

Dir wurde dein eigenes, reines Sein vorgestellt. Erkenne, dass du hier kein Besucher bist. Warst du jemals zuvor so zufrieden, so vollkommen und erfüllt von innerem Frieden wie jetzt?

Dies ist dein wahrer Ort. Dies ist dein wahres Selbst.

Gewöhne dich daran, eins mit dem Istsein zu sein, als das Istsein selbst. Lenke deine Aufmerksamkeit darauf. Bleibe dort. Sei mit ihm. Erkenne es an. Liebe es. Genieße es. Sei es. Nach und nach werden selbst diese anfänglichen Bemühungen wegfallen, und es wird die Selbst-verständliche Wahrheit als reines Gewahrsein leuchten – das eine wahre Selbst.

Genieße deine Freiheit. Genieße dein Selbst.

Zeitlose Liebe,
Mooji

Und dann …

(Wichtige Hinweise für den Rückschlag des Ego-Verstandes)

Selbst nach solch tiefgründigem Sehen erfahren viele, wenn nicht sogar die meisten Suchenden, einen Rückschlag vom Ego-Verstand. Aufgrund der Macht der Gewohnheit kommt der Reflex, sich als ein persönliches Selbst zu identifizieren, von Zeit zu Zeit wieder auf.

Aber wenn du unpersönlich bleibst – das heißt, du identifizierst dich nicht mit dem Ego –, wird gesehen, dass diese Gewohnheit einfach nur eine oberflächliche Bewegung ist, eine bloße Erscheinung im Innern des unbewegten Istseins, das du bist. Ganz egal, was passiert: Bleibe eins mit dem Istsein. Es ist die Quelle des Lebens und dein Sein selbst.

Die Macht der Wahrheit ist mit dir, als dein eigenes Selbst.

Wenn etwas nach außen zu gehen scheint, erkenne, dass dies nur die Gewohnheit der Aufmerksamkeit ist, die sich zu persönlicher Identität hin bewegt. Doch selbst wenn sich solch eine Bewegung vollzieht, wird dies schnell in der Weite des Istseins erkannt und so neutralisiert. Das eine wahre Selbst bleibt, wie es ist – unverändert, unberührt und doch ganz lebendig, als die Quelle von Geist und Verstand selbst.

Durch die Einladung wird die trügerische Kraft des Ego direkt an der Wurzel abgeschnitten – und es wird kämpfen, um sein psychologisches Leben aufrechtzuerhalten. Wann immer es die Gelegenheit entdeckt, wird es die verletzlichsten Augenblicke aus dem Leben der Person, die du geglaubt hast zu sein, erneut präsentieren.

Vermeide diese Falle des Ego-Verstandes, indem du erkennst, dass die Person, dein altes Selbstbild, ein Phänomen ist, das gesehen werden kann und in und von deinem wahren Selbst, dem ungeborenen Gewahrsein, wahrgenommen wird.

Komm der Gerissenheit des Ego zuvor, und der Erfolg ist auf deiner Seite. Auch wenn die Wucht auf dich einprasselnder negativer Gedanken mit großer Intensität erfahren wird, mach dir keine Sorgen. Gib in deiner Entschiedenheit nicht nach. Es ist weder ein Indiz dafür, dass die Freiheit nicht für dich ist, noch dass du scheiterst. Tatsächlich ist genau das Gegenteil der Fall. Es bedeutet, dass du etwas auf der Spur bist und der Verstand sich bedroht fühlt.

Sei dir darüber im Klaren: Solche Angriffe können nur der Person widerfahren, nicht aber dem wahren Selbst. In Wirklichkeit dienen sie einfach dazu aufzuzeigen, wo die egoische Identität und ihre Neigungen immer noch versteckt sind oder in dir bewahrt werden. Wo du dies weißt, gräme dich nicht. Sei vielmehr ermutigt und fühle die Freude des Verschmelzens mit dem Selbst.

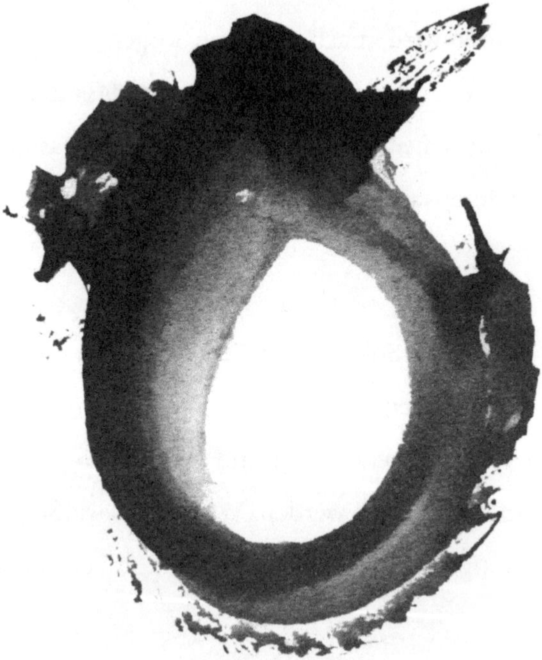

Du erkennst, dass nur das eine untrennbare Selbst ist. Wenn das Gefühl einer Attacke wahrgenommen wird, wer ist es genau, der angegriffen wird, und wer ist der Angreifer? Können diese beiden ausgemacht oder gefunden werden?

Denke darüber nach, und du wirst erkennen, dass alle Konflikte zwischen Formen bestehen und dass alle Formen innerhalb des Formlosen erscheinen. Es ist ein Paradox, dass die Formlosigkeit unser stabilster Grund ist. Du musst deine wahre Position als der formlose Zeuge immer und immer wieder bestätigen, bis für ein erdachtes Selbst kein Ort mehr bleibt, an dem es sich verstecken oder fortbestehen könnte.

Zuletzt kommt alles Leiden ans Ende, wenn wir aus dem langen und ermüdenden Traum des Getrenntseins erwachen, hinein in das reine und perfekte Gewahrsein – das höchste Selbst.

Über Mooji

Moojis Präsenz und Liebe haben die Kraft, uns mühelos in die Erfahrung des höheren Selbst zu heben, selbst in einer einzigen Begegnung. Liebevoll leitet er die vielen Menschen an, die auf der Suche nach der direkten Erfahrung der Wahrheit aus allen Teilen der Welt zu ihm kommen. In diesen spontanen Begegnungen lösen die Direktheit, die Weisheit und der Humor seiner Hinweise leicht die Unwahrheit auf und beschleunigen so die Erkenntnis des unendlichen Selbst, das wir alle sind. Mooji lebt gegenwärtig in Europa, reist aber immer wieder, um Satsang zu geben.

Weitere Informationen zu Mooji findest du auf

www.mooji.org

Audio- und Videoaufzeichnungen von Satsangs mit Mooji gibt es auf

www.mooji.tv

www.mooji.org/shop

Mooji ist auch auf YouTube:

www.youtube.com/moojiji

und Facebook:

www.facebook.com/moojiji

Für Informationen zu Moojis anderen Büchern

Weiter als Himmel, größer als Raum (Vaster Than Sky, Greater Than Space)

Bevor Ich Bin (Before I Am)

Atem des Absoluten (Breath of the Absolute)

The Mala of God

White Fire

Writing on Water

besuche

www.mooji.org/shop

Für weitere Informationen und Fragen zu den Büchern wende dich bitte an

Mooji Media Publications

office@moojimedia.com

MOOJI

WEITER ALS HIMMEL, GRÖSSER ALS RAUM

Das Buch der inneren Befreiung

Der erleuchtete Meister Mooji zeigt, was wir brauchen, um innerlich wirklich frei zu werden. Durch Selbstbeobachtung erwachen wir zu etwas viel Größerem als dem Ego, zu einem Bewusstsein »weiter als Himmel, größer als Raum«. Mooji erläutert die großen Fragen, wer wir wirklich sind, wie wir in Frieden und Freude bleiben und wie wir ein mitfühlendes Miteinander schaffen können. Viele Selbsterfahrungsübungen ergänzen die dichten und inspirierenden Worte dieses außergewöhnlichen Lehrers – Herzenswärme pur.

»Moojis Buch zu lesen, ist fast wie eine Begegnung mit dem Meister selbst, weil wir in ihr die eigene Natur und Existenz hinterfragen.«

Ginkgo Magazin

Ramana Maharshi

SEI, WAS DU BIST!

Die wichtigsten Lehren des grossen indischen Weisen

Ramana erreichte eine Tiefe der religiösen Erfahrung und der Einsicht, die alle religiösen Bekenntnisse und philosophischen Systeme transzendiert. Seine Aussagen über das wahre Wesen von Ich, Welt und Gott und über den Pfad der Selbstergründung, der zur Befreiung führt, sind für alle Menschen von unschätzbarem Wert, die einen Weg geistiger Schulung suchen oder gehen, ganz gleich, welchen religiösen oder kulturellen Hintergrund sie haben. David Godman, der Bibliothekar des Ramana Maharshi Ashram, hat die wichtigsten Lehren Ramanas aus dem umfangreichen Schrifttum zusammengetragen.

O.W. BARTH

Swami Vivekananda

VEDANTA

Der Ozean der Weisheit

Eine Einführung in die spirituellen Lehren und die Praxis
des geistigen Yoga in der indischen Vedanta-Tradition

Swami Vivekananda ist der bedeutendste Schüler des indischen Heiligen Ramakrishna und einer der großen Weisheitslehrer der Neuzeit. Seine Einführung in den Vedanta gehört zu den unschätzbaren Klassikern der spirituellen Weltliteratur. Diese Lehre bildet eine der festen Säulen innerhalb der philosophisch-spirituellen Systeme Indiens und genießt bis heute eine ungebrochene Popularität.

O.W. BARTH